# Style personnel

## Jennifer Degenhardt

### Cover and Interior Art:
Denise Miranda

### Editors:
Françoise Piron & Nicole Piron

Copyright © 2024 Jennifer Degenhardt (Puentes)
All rights reserved.
ISBN: 978-1-956594-52-2

For Jayde. Thank you for being you – so much so that you inspired this story.

And to all of the Rileys in the world – thank you, too.

# TABLE DES MATIÈRES

# REMERCIEMENTS

Many thanks to Marley Gifford who, at a family event a couple of years ago, agreed to create some paper dolls for me when I came up with an idea (probably on the spot) to write a story about clothes.  A recent college grad (at the time) and no stranger to fashion (still), Marley went to work to draw up some paper doll templates that would hopefully be useful for teachers when teaching the book. These images are what inspired me to start the story. Thank you, Marley!

The person who continued to inspire the story is Jayde Lopez, a student whom I have been blessed to have in my classes for four semesters. Jayde, a beautiful member of the LGBTQIA+ community and an absolute fashion maven, has always been open to sharing with me her thoughts and viewpoints on gender, gender-neutral vocabulary, and other insights. I am indebted to Jayde for her graciousness and being a wonderful educator, but for allowing me to use her name to honor her in this story. Thank you, Jayde!

And to Sydney Gordon, entrepreneur extraordinaire and owner of Vintage Folk, the vintage clothing store mentioned in the story, I owe another huge thank-you. After I sent an email via the store's website, Sydney and I were able to connect via video call. She was lovely and gracious as she shared with me so much information about thrifting and the vintage clothing industry. While much of the material did not make it in the story (to maintain comprehensibility), I am grateful for the human connection, and the opportunity to include an actual Newport establishment in the story. If you are interested in vintage clothing and style and want to connect with the store, please visit **www.folkvintage.co**. And, if you're ever in Newport, Rhode Island, stop by the store. It's super cute!

And, as with all my stories in French, this one was also scrubbed and edited by Françoise "Swaz" Piron, with special help from her mom, Nicole Piron. Without their expertise with the French language and copyediting, readers might not be able to fully understand the original intent of the text. Thank you, Swaz and Nicole, for your help once again!

Thank you, too, to Theresa Marrama and others for reading the story and making pertinent suggestions for improvement. I'm grateful for all the help.

# NOTE DE L'AUTEURE

I distinctly remember the day that I figured out the difference between "lay" and "lie" in English. Bounding with joy, I relayed my findings to my strict, English-teacher/grammarian father. He simply said, "I've been telling you this for years."

Language is always evolving, as it is now with the inherent gendering in certain languages. In this story I aim to include some of this evolution. The focus for me, as it is always, is on the story itself and the conversations that can arise from the themes found within, thus creating even more connections between and among humans.

So, when other humans use the one verb over the other to describe someone or something in a prostrate position to rest or sleep... is it "wrong"? Maybe, technically. But more importantly, is the person able to convey his/her/their message. THAT is the true purpose of language.

# Chapitre 1
## Un jour horrible

C'est le mois de mai.

Je suis dans une nouvelle école.

C'est mon premier jour.

Ce n'est pas le bon moment pour être nouveau dans une école.

L'autre école avait un uniforme. Cette école n'en a pas.

Mais tous les élèves ont plus ou moins un uniforme : les mêmes chemises, les mêmes pantalons et bien sûr, les mêmes chaussures de sport. Et tous les élèves ont des vêtements de Under Armour et Nike.

L'école n'a pas d'uniforme officiel, mais en fait, il y a un uniforme qui n'est pas officiel.

Et je n'ai pas d'uniforme « officiel ». Je n'ai pas de chemise de chez Hollister. Je n'ai pas de pantalons de chez Aéropostale. Et non, je n'ai pas de chaussures de sport Nike.

Ma différence est évidente. Je n'aime pas ma différence. Mais c'est comme ça.

Je suis en classe. J'écoute les élèves. Ils parlent de moi.

—Regarde sa chemise. C'est pas une chemise de chez Hollister.

—Regarde ses pantalons. C'est pas des pantalons de chez Aéropostale.

—Regarde ses chaussures de sport. C'est pas des chaussures de sport Nike.

Je ne veux pas être à Newport. Je ne veux pas être nouveau dans une nouvelle école. Je veux être invisible.

\*\*\*\*\*

## Après l'école

Je suis dans l'entrée de la maison. Je suis triste. Je n'aime pas ma nouvelle école. Je n'aime pas les élèves. Je n'aime pas l'uniforme non officiel.

Je suis dans l'entrée de la maison, la maison de ma grand-mère. Je n'ai pas ma clé. Je ne peux pas entrer. Je veux pleurer.

Je suis triste. Je ne veux pas être visible, mais je ne peux pas entrer dans la maison. Quel jour horrible.

J'écris un texto à ma grand-mère :

*Grand-mère préférée, j'ai pas ma clé. Je peux pas entrer dans la maison.*

Je commence à pleurer un peu.
À ce moment-là, je vois deux personnes. Elles marchent devant la maison. L'une d'elles me parle:

« Salut ! Je suis Sydney. J'utilise le pronom « elle ». Tu es Jayde, n'est-ce pas ? »

Je ne sais pas quoi faire. Cette personne me connaît, mais je ne sais pas qui c'est.

Elle continue à me parler.

« Je m'appelle Sydney. Je suis l'amie de ta grand-mère. Voici mon ami, Marley.

—Salut. Je suis Marley. J'utilise le pronom « il ».

L'homme est grand, il est jeune et il a les cheveux longs et bruns. Il a les yeux bruns et un tatouage sur le pied. C'est un symbole de paix.

Sydney n'est pas grande, mais elle est jeune. Elle a les cheveux blonds et les yeux bleus. Je ne vois pas de tatouages.

« Salut, je suis Jayde. J'utilise le pronom « iel[1] », je dis avec un sourire.

« Un plaisir, Jayde.

—Comment est-ce que vous savez qui je suis ?

—Ta grand-mère est mon amie. Elle parle beaucoup de toi.

—Ma grand-mère est votre amie ? Ma grand-mère est vieille.

---

[1] iel : non-binary, singular pronoun.

—Ha! Ta grand-mère est PAS vieille. Elle est jeune. Elle est l'amie de tous ici dans le quartier. Tout le monde l'adore. »

Je me dis « *Ma grand-mère ? L'amie de tous ? Tout le monde l'adore ? C'est possible ? C'est très sympa, mais… elle est vieille !* »

« Jayde, pourquoi tu es pas à la maison ? » me demande Sydney.

« Je peux pas entrer, j'ai pas ma clé.

—Est-ce que tu veux aller au magasin avec nous ? Je peux appeler ta grand-mère. »

Sydney appelle ma grand-mère.

« *Sydney a le numéro de téléphone de ma grand-mère ?* » je me dis.

Marley dit « Bonne idée, Sydney. Jayde, est-ce que tu aimes les vêtements ?

—Oui, j'aime les vêtements. Mais, j'aime pas mes vêtements. »

Sydney parle avec nous. « OK. Ta grand-mère dit que tu peux aller au magasin avec nous.

—Au magasin ? Quel magasin ?

—Notre magasin, Folk Vintage. C'est un magasin de vêtements rétro.

—Des vêtements rétro ?

—Oui. Des super vêtements. Allons-y » dit Marley.

# Chapitre 2
## La veste

On marche jusqu'au magasin Folk Vintage. C'est un magasin de vêtements rétro dans la rue Thames à Newport.

Les vêtements rétro sont des vêtements qui ont plus de vingt ans. Ce sont des vêtements de moments particuliers, comme les années 70 et 80.

« Voilà. On est arrivé, dit Sydney. C'est notre magasin. »

J'entre dans le magasin. C'est un petit magasin. Ce n'est pas un grand magasin comme DICK'S SPORTING GOODS. Mais, dans toutes les parties du magasin, il y a beaucoup de vêtements :

- des chemises
- des pull-overs
- des pantalons
- des robes
- des jupes
- des gilets
- des vestes
- des chaussures

- des bottes
- des chapeaux
- des casquettes
- des tee-shirts

Mais ce ne sont pas des vêtements typiques. Ce sont des vêtements originaux. Ce sont des vêtements superbes. Ce sont des vêtements fabuleux. Ce sont des vêtements dramatiques. Ce sont des vêtements magnifiques. Ce sont des vêtements avec beaucoup de style. Ils sont merveilleux.

« Waow, Sydney ! J'aime le magasin. Et j'aime beaucoup les vêtements », je dis.

« Merci, Jayde. Est-ce que tu aimes les vêtements rétro ?

—Oui ! Ces vêtements sont dramatiques… et magnifiques. Ils sont intéressants et fabuleux. Ces vêtements sont originaux et merveilleux. »

Marley va dans l'arrière-boutique[2] du magasin et il prend un carton[3].

« Voilà les nouveaux vêtements, Syd.

– Merci, Marley. On va trier[4] les vêtements maintenant. Est-ce que tu veux nous aider, Jayde ? »

Je ne réponds pas. Les vêtements m'impressionnent. Je regarde toutes les parties du magasin. Je vois une veste qui attire mon attention[5]. C'est une veste blanche avec des boutons noirs. C'est une veste magnifique. Et très originale.

Je ne pense pas à mes problèmes à l'école. Je pense à la veste. Je l'aime beaucoup.

« Est-ce que tu aimes la veste, Jayde ? » demande Sydney.

Sydney prend la veste blanche avec des boutons noirs. Elle me présente la veste.

---

[2] l'arrière-boutique : back room of the store
[3] carton : big box.
[4] trier : sort out
[5] qui attire mon attention : that catches my eye.

Je prends la veste et je la mets. Elle est superbe.

« Waow ! Je l'aime beaucoup. Je suis à la mode avec cette veste. »

Avec la veste, je me sens bien. Je ne me sens pas triste.

Je regarde le prix. Le prix est... Oh là là ! C'est beaucoup trop cher. J'ai pas assez d'argent. Je ne peux pas l'acheter.

« La veste est très chic. Un jour je vais l'acheter », je dis à Sydney.

Marley me dit :

« Jayde, est-ce que tu veux nous aider ? On va trier les nouveaux vêtements. On les a achetés à une vente de biens[6].

—Oui. Je voudrais vous aider. Qu'est-ce que je fais ? »

Pendant deux heures, Marley, Sydney et

---

[6] On les a achetés à une vente de biens : We bought them at an estate sale.

moi trions les vêtements de la vente de biens. On les trie par sorte[7], par couleur et par taille[8]. Pendant ce temps, on parle du magasin, des vêtements rétro et à la mode.

Mon téléphone vibre. J'ai un message de ma grand-mère préférée.

**C'est ta grand-mère préférée. Je suis chez nous. On va manger dans quinze minutes.**

« Ma grand-mère est chez nous. On va manger dans quinze minutes.

—D'accord. Merci, Jayde », dit Marley.

Sydney prend la veste blanche avec les boutons noirs et elle me le donne[9].
« Elle est pour toi, Jayde.

—Mais j'ai pas d'argent.

—C'est un cadeau.
—Je peux pas l'accepter.

---

[7] On les trie par sorte : We sort them by type.
[8] taille : size.
[9] elle me le donne : she gives it to me.

—C'est pour ton travail aujourd'hui.

— Je peux pas l'accepter. »

Sydney me regarde. Elle me donne la veste et elle me dit :

« Jayde, c'est évident que cette veste te plait[10]. Elle t'aide à te sentir bien. Prends la veste. Tu peux travailler au magasin quelques heures le samedi. Accepte la veste pour ton travail d'aujourd'hui. D'accord ?

—Oh ! Merci, Sydney. Vous êtes fantastique ! »

Sydney et Marley sont contents. Moi aussi.

Je pense à la veste. Et je pense aux vêtements que je vais porter demain...

---

[10] cette veste te plait : you like the jacket.

# Chapitre 3
## Les commentaires

Une autre semaine commence et je suis à l'école. Aller à l'école ne me plait pas beaucoup, mais avec ma nouvelle veste...

« Jayde, est-ce que tu vas prendre le petit déjeuner ?

—Oui, ma grand-mère préférée. Merci.

—Comme d'habitude ?

—Oui, merci. »

Aujourd'hui, je vais porter ma nouvelle veste blanche avec des boutons noirs, un jean noir et mes bottes noires. Je vais porter un chapeau noir aussi. J'aime beaucoup ces vêtements.

J'arrive dans la cuisine. Ma grand-mère est à table avec le petit déjeuner.

« Waow ! Jayde, j'aime les vêtements que tu as mis aujourd'hui. Et la veste ... ?

—Elle est nouvelle.

—Elle vient du magasin de Sydney ? De Folk Vintage?

—Oui, c'est un cadeau de Sydney. Je vais travailler avec elle au magasin. Samedi. D'accord ?

—Très bien. À quelle heure ?

—Je sais pas. Le matin ?

—Ah. Pendant que je suis au centre communautaire. »

Ma grand-mère préférée travaille au centre communautaire de Newport. Elle est bénévole[11]. Elle aime travailler avec les gens.

« Grand-mère, un jour je veux être bénévole au centre communautaire comme toi.

—Je sais, Jayde. Quand tu auras[12] seize (16) ans… »

Hmm. Je dois attendre… Maintenant je n'ai que treize (13) ans. Je dois attendre encore trois (3) ans.

---

[11] bénévole : volunteer.
[12] tu auras : you will (be).

« Jayde, c'est l'heure d'aller à l'école. Je vais au centre communautaire. Est-ce que tu veux marcher avec moi ?

—Non merci, grand-mère. Je pars dans quelques minutes.

—D'accord. À cet après-midi!

—Au revoir, ma grand-mère préférée.

—Au revoir, Jayde. »

Je marche en direction de l'école. Newport est une petite ville et la maison de ma grand-mère est près de l'école.

*****

J'arrive à l'école.

Je suis en classe. J'écoute un groupe d'élèves. Ils parlent de moi :

« Regarde sa veste. C'est pas une veste Under Armour.

—Regarde son jean. C'est pas un jean American Eagle.

—Regarde ses bottes. C'est pas des bottes de chez Aeropostale. »

Plus tard j'écoute un autre groupe d'élèves :

« Sa veste est pas de chez Under Armour. Mais c'est une veste superbe.

—Son jean est pas de chez American Eagle. Mais c'est un jean super.

—Ses bottes sont pas de chez Aeropostale. Mais elles sont magnifiques.

—Iel a bon goût ! »

Je ne dis rien, mais je souris.

# Chapitre 4
## L'image dans le miroir

C'est samedi. Je dois aller au magasin de Folk Vintage à 10h. J'y vais à pied. La maison de ma grand-mère est dans la rue Bull et le magasin est un peu plus loin. L'application de Google Maps dit que je dois marcher vingt (20) minutes.

Je ne veux pas arriver en retard. Je sors de la maison à 9h30.

C'est le mois de mai, mais il n'y a pas de circulation[13]. Normalement, en mai, juin, juillet, août et septembre, il y a beaucoup de circulation à Newport. C'est une destination très touristique.

J'entre dans le magasin. Aujourd'hui je porte un jean bleu et une chemise jaune avec des rayures[14]. Ce ne sont pas des vêtements élégants. Je suis ici pour travailler.

« Bonjour Sydney.

---

[13] circulation : traffic.
[14] rayures : stripes.

—Salut, Jayde. Merci de venir travailler aujourd'hui.

—C'est chouette d'être ici[15]. J'aime beaucoup le magasin. Qu'est-ce qu'on fait aujourd'hui ?

—On fait beaucoup de choses aujourd'hui. On a beaucoup de vêtements d'une vente de biens et des vêtements usagés qui ont été donnés[16].

—Ouh ! Je veux tout voir ! »

Sydney et moi allons dans l'arrière-boutique du magasin. Il y a beaucoup de nouveaux vêtements:

- des chemises
- des pull-overs
- des pantalons
- des robes
- des jupes
- des gilets
- des vestes

---

[15] C'est chouette d'être ici : It's nice to be here.
[16] des vêtements usagés qui ont été donnés : used clothing donations.

- des chaussures
- des bottes
- des chapeaux
- des casquettes
- des tee-shirts

Les vêtements sont colorés et sont tous très différents. Waow !

« Regarde les vêtements ! je dis.

« C'est incroyable, n'est-ce pas ? Qu'est-ce qu'on fait pour commencer, Jayde ?

—On doit trier les vêtements. Euh… à mon avis[17]…

—Oui! C'est important d'avoir un système. Et ici, Jayde, tu peux parler avec confiance[18]. Ton avis est important.

—OK. Merci, Sydney. Je vais trier les vêtements dans ce carton. D'accord?

—D'accord. »

---

[17] à mon avis : in my opinion.
[18] confiance : confidence.

Pendant une heure, Sydney et moi trions les vêtements. On organise les pantalons, les chemises, les vestes, les pull-overs, les jupes et les robes dans différents cartons. Dans le carton avec les jupes et les robes, je vois une longue robe qui est superbe. Je prends la robe et je vais au miroir.

Je me dis : « *Quelle merveilleuse robe ! Je veux la porter à l'école.* »

« Est-ce que tu aimes cette robe, Jayde ?

—Sydney, c'est une robe incroyable. Je l'aime beaucoup.

—Essaye-les[19]. Je vais ouvrir le magasin. Je veux te voir avec la robe dans quelques minutes. »

Sydney quitte l'arrière-boutique du magasin pour ouvrir la porte.

Je mets la robe et je me regarde dans le miroir. Je me sens très bien.

_____

[19] essaye-les : try it on.

À ce moment-là, Sydney arrive près de moi. Elle me regarde dans le miroir.

« Ouh ! Jayde ! Tu es magnifique! Tu dois porter cette robe.

—Euh, hum… je sais pas, Sydney. J'aime beaucoup la robe, mais…

—Est-ce que c'est une question d'argent ?

—Oui. Oui… et non… »

Je pense à la robe. C'est une longue robe de style moderne et coloré. Je me sens… libre; autonome; et j'ai soudain plus confiance en moi.

« Si c'est une question d'argent, je te paye pour ton travail ici.

—C'est pas nécessaire, Sydney. J'aime travailler avec les vêtements.

—C'est nécessaire, Jayde. Tu m'aides beaucoup. »

Je me regarde encore dans le miroir. J'aime ce que je vois.

« Est-ce que vous pouvez me payer avec des vêtements? Des vêtements rétro ?

—Tu aimes beaucoup les vêtements, n'est-ce pas? » me dit Sydney avec un sourire. « C'est une bonne idée. Je te paye toutes les deux semaines. D'accord?

—Oh, oui ! Merci, Sydney. »

Un client entre dans le magasin. Sydney quitte l'arrière-boutique pour aller parler avec la personne.

« Sydney, est-ce que je peux prendre des photos des vêtements? J'ai une idée...

—Bien sûr ! On parlera[20] de ton idée plus tard. »

---

[20] on parlera : we will speak.

# Chapitre 5
## Une vidéo

CoralH.

Ouh ! Ces pantalons
sont magnifiques !

♡ 63

Ria<3

Ses vêtements sont
originaux ! J'aime
beaucoup !

♡ 30

Lyn.

Le sweat-shirt est
superbe et confortable.

♡ 13

« Ciao, Jayde ! Je dois aller au centre communautaire aujourd'hui. Ton petit déjeuner est sur la table.

—D'accord, ma grand-mère préférée. Merci.

—N'arrive pas en retard à l'école.

—OK. Ciao.

—Bonne journée!

—Merci, toi aussi. »

Ma grand-mère part tôt ce matin. Elle n'est pas à la maison. J'ai un peu de temps pour faire quelque chose de cool.

Je prends mon portable et je mets toutes les photos des vêtements dans une application. En quelques minutes, j'ai une vidéo originale et magnifique des vêtements du magasin Folk Vintage.

« *Waow ! Quelle vidéo ! Les vêtements sont magnifiques* », je me dis.

Dans l'application, je mets de la musique et des effets. À la fin, j'écris :

- Vous voulez être chic ?
- Achetez vos vêtements chez Folk Vintage !

Finalement je mets des *hashtags* et je publie la vidéo sur les réseaux sociaux [21] à partir d'un compte anonyme.

Ah ! C'est 7h.30. Je dois aller à l'école.

***** *

Pendant que je marche vers l'école, je vois que j'ai beaucoup de *likes* sur mon *post*. Beaucoup de personnes aiment les vêtements rétro. Ou aiment la vidéo.

Je souris en arrivant à l'école. Aujourd'hui je porte des pantalons à fleurs roses et jaunes. Je porte aussi un bandana rose et de grandes boucles d'oreilles dorées[22]. Les couleurs sont mes couleurs préférées. Les

---

[21] réseaux sociaux : social media.
[22] doré : of gold color.

couleurs me ravissent.

Mais des élèves font des commentaires :

« Regarde ce pantalon. Pouah ! Quelles couleurs !

—Regarde ce sweat-shirt. Pouah ! Quelle couleur !

—Regarde ces vêtements. C'est des vêtements de cirque[23]. »

Mais il y a aussi d'autres commentaires :

« Oh ! Son pantalon est magnifique.

—Le sweat-shirt est super et confortable.

—Les vêtements sont originaux ! J'aime beaucoup ! »

Avant la première classe, il y a beaucoup d'animation dans le couloir[24]. Les élèves parlent.

---

[23] cirque : circus.
[24] couloir : corridor.

« Tu as vu[25] ce *post* sur TikTok ?

—C'est très original !

—Quel talent !

—Comment s'appelle le compte ? »

Je regarde le portable des élèves. Tout le monde regarde MON *post*.

Je suis capable. Ha, ha !

Je marche à ma première classe. Je suis très capable et ça me ravit.

---

[25] Tu as vu ? : did you see?

# Chapitre 6
## La robe

C'est samedi, le jour où je travaille à Folk Vintage. Je suis dans l'arrière-boutique du magasin et Sydney est dans le magasin quand une personne entre.

« Salut, Syd. »

C'est Marley.

« Salut, Marley. Comment vas-tu ?

—Non, comment vas-tu, Sydney ? J'ai vu beaucoup de vidéos du magasin sur TikTok. C'est incroyable !

—Marley, tu n'as aucune idée. Ces vidéos sont incroyables. Elles aident beaucoup. Beaucoup plus de gens viennent au magasin qu'avant.

—Et tu sais pas qui fait les vidéos?

—J'ai aucune idée. Je veux savoir. »

Sydney et Marley parlent, et je prends la robe élégante. Je l'essaye. La robe est longue et superbe. Elle a beaucoup de couleurs. Une fois encore, je me sens libre.

J'ai beaucoup plus confiance en moi.

À ce moment-là, Marley vient dans l'arrière-boutique du magasin.

Oh non ! Marley me voit avec la robe.

« Salut, Jayde. Ça va ?

—Euh…, salut, Marley…

—Jayde, tu es très chic dans cette robe. »

Hum…

Marley ne dit rien d'autre.

Et il ne dit rien de négatif.

« Jayde, viens[26] parler avec nous. On va parler de vêtements rétro.

—OK. Dans une minute. Il faut que je me change.

—Jayde, tu es très chic. Est-ce que tu aimes la robe ?

---

[26] viens : come.

—Oui, je l'aime beaucoup.

—Est-ce que tu voudrais porter la robe en dehors[27] du magasin ?

—Je voudrais, mais…

—Jayde, tu peux porter la robe. C'est une robe superbe. C'est une excellente robe pour toi.

—Oui, mais…

—Quoi ?

—Oui, mais… je sais pas.

—Ça va. Si tu veux entrer dans le magasin avec la robe, c'est fantastique. Sinon, pas de problème. »

Marley sort de l'arrière-boutique du magasin. Il parle avec Sydney.

« *Je peux porter cette robe en dehors du magasin ? Je sais pas…* ».

---

[27] dehors : outside.

La robe EST élégante. Et superbe. Et les couleurs sont…

À ce moment-là, j'entre dans le magasin avec la robe. Les commentaires de Marley et Sydney sont positifs :

« Jayde, tu es magnifique.

—Tu es super chic dans cette robe. »

J'ai un grand sourire. Je suis très à l'aise[28].

« Regarde ton sourire, Jayde.

—Merci. Je me sens très bien.

—Jayde, pourquoi est-ce que tu portes pas la robe toute la journée au magasin ?

—C'est possible, Sydney ? Je voudrais beaucoup le faire. Merci.

—D'accord. Tu peux aussi nous aider avec des photos de vêtements. Je suis pas très bonne pour prendre des photos, mais c'est nécessaire… »

---

[28] Je suis très à l'aise : I am very comfortable.

Marley demande :

« Jayde, est-ce que tu as vu les vidéos sur TikTok ? Les vidéos du magasin ? »

Je ne veux rien dire. C'est un secret.

« Des vidéos ?… Non… »

J'ai pensé à de nouvelles vidéos. Je veux faire des vidéos encore plus cool.

Je lis une affiche dans le magasin. On y voit les raisons d'acheter des vêtements rétro :

- Pour avoir des vêtements différents
- Pour utiliser moins d'énergie et moins d'eau
- Pour acheter de bons vêtements à des prix plus bas
- Pour acheter plus de vêtements pour moins d'argent
- Et… c'est amusant ☺

Ah ! J'ai une autre idée pour une nouvelle vidéo.

# Chapitre 7
## L'incident

« Waow, Jayde », ma grand-mère me dit. « J'aime tes vêtements aujourd'hui. Ces pantalons sont super chouettes. »

Aujourd'hui je porte des pantalons à pattes d'éléphant[29] qui ont beaucoup de couleurs, une chemise noire et mes bottes noires. J'aime mes vêtements.

« Merci, grand-mère. Moi aussi j'aime mes vêtements.

—Tu as l'œil pour la mode, n'est-ce pas ?

—Je sais. Ha, ha ! Mais merci. J'aime beaucoup les vêtements et la mode.

—Je vais m'arrêter à Leo's Market après mon travail au centre communautaire. Est-ce que tu veux manger quelque chose de particulier ?

—Non. Merci, grand-mère. Ciao. Je vais à l'école. »

Je marche en direction de l'école et je pense

---

[29] pantalons des pattes d'éléphant : bell-bottom pants.

à mon idée pour une nouvelle vidéo pour le magasin. J'ai besoin de l'aide de mon amie, Riley. On travaille sur la vidéo après le déjeuner.

*****

Riley et moi mangeons pendant le déjeuner. C'est une nouvelle amie.

« Riley, est-ce que tu es prête à faire la vidéo ?

—Oui, Jayde. Tu veux seulement les vêtements dans la vidéo, n'est-ce pas ?

—Oui. Tu peux prendre la vidéo sur l'application ? D'accord ?

—Oui. Qu'est-ce que tu vas expliquer dans la vidéo ? demande Riley.

—Je vais expliquer les raisons pour lesquelles acheter des vêtements rétro est une bonne idée.

—Ah. Quelles sont les raisons ?

—Les raisons sont : avoir des vêtements

distincts et différents, utiliser moins d'énergie et moins d'eau, acheter de bons vêtements moins chers, acheter plus de vêtements pour moins d'argent et... c'est amusant.

—Ce sont de très bonnes raisons. »

Riley utilise mon portable pour faire la vidéo. Elle fait la vidéo quand un groupe d'élèves passe dans le couloir.

« Ouh, Jayde. J'aime ton *look*.

—Ces pantalons sont magnifiques.

—Jayde, tu es unique. »

Ça me ravit.

Mais, à ce moment-là, un autre groupe d'élèves passent dans le couloir.

« Ces vêtements sont moches[30].

—Ces pantalons sont horribles.

---

[30] moches : ugly

—Ces vêtements sont pas à la mode. »

Un des élèves tire ma chemise avec beaucoup de force. La chemise se déchire[31].

« Jayde ! Ça va ? » demande Riley.

Le groupe d'élèves court dans le couloir.

Riley met le portable dans sa poche et elle m'aide avec ma chemise.

Je suis en colère.

« Physiquement ? Oui, je vais bien. Émotionnellement ? Non…

—Allons parler avec le conseiller[32].

—Bonne idée. Riley, est-ce que tu as la vidéo ? »

Riley sort le portable de sa poche.

« Oh, non ! La vidéo a été publiée[33]. »

---

[31] la chemise se déchire : the blouse rips.
[32] conseiller : counselor.
[33] la vidéo a été publiée : the video published/posted (itself).

Oh là là, ce n'est pas une bonne journée.

Riley me dit :

« T'inquiète pas[34] Jayde. Tu peux éditer la vidéo. »

Riley et moi marchons jusqu'au bureau du conseiller.

***** 

Le conseiller appelle ma grand-mère au téléphone. Elle arrive à l'école et elle parle avec le conseiller, et avec Riley et moi. Ma grand-mère préférée n'est pas contente.

« Merci de m'avoir appelée.

—De rien, Mme Sauveur. Jayde peut passer par mon bureau tout le temps. Jayde ?

—Oui, merci.

—Et Jayde...

—Oui ?

---

[34] T'inquiète pas : don't worry.

—Ces pantalons sont magnifiques. Tu as bon goût[35]», me dit le conseiller avec un sourire.

« Merci. J'aime aussi mes vêtements. »

Ma grand-mère et moi sortons de l'école.

« Est-ce que tu veux manger, Jayde ? » me demande ma grand-mère.

« Oui. On peut acheter quelque chose à Leo's Market ?

—Bien sûr. Allons-y. »

---

[35] tu as bon goût : you have good taste.

# Chapitre 8
## La solution

C'est samedi. Je dois travailler au magasin. J'adore ce travail, mais l'incident de l'école me déprime.

« Bonjour Sydney.

—Salut, Jayde. Ça va ?

—Pas trop bien. J'ai des problèmes à l'école.

—Ah. Oui ? Des problèmes académiques… ou… ?

—Des problèmes sociaux; des problèmes avec d'autres personnes. »

Sydney ne dit rien. Elle m'écoute.

« Il y a des élèves qui sont pas gentils avec moi. Ils aiment pas mes vêtements. »

Sydney ne répond pas. Elle m'écoute.

« Oui, je suis pas comme tout le monde. »

Sydney répond :

« Jayde, c'est difficile d'être ado. C'est

quand les jeunes commencent à déterminer qui ils sont. Et tu as beaucoup de courage pour vivre ta différence.

—Merci, Sydney. Tu as raison : c'est difficile d'être ado. Oui, je suis pas comme tout le monde. Mais, j'aime m'exprimer par mes vêtements.

—Oui ! Et tu as un style magnifique!

—J'aime beaucoup les vêtements. Et j'aime beaucoup les vêtements rétro. J'aime beaucoup être authentique.

—C'est évident, Jayde. Tu as confiance en toi quand tu portes les vêtements que tu aimes.

—J'ai confiance en moi ? Vraiment ?

—Oui. Et quand tu as confiance, tu es authentique.

—Merci, Sydney. Vous êtes une personne bien. Qu'est-ce qu'on fait aujourd'hui ? »

Sydney me dit ce qu'on fait. À ce moment-là, Riley entre dans le magasin.

« Jayde!

—Salut, Riley. Qu'est-ce que tu fais ici? Riley, je te présente Sydney.

—Bonjour, Riley. Jayde parle beaucoup de toi.

—Ravi de vous rencontrer[36], Sydney. Excusez l'interruption.

—Pas de problème, Riley. Ça doit être important…

—Oui, oui. C'est important. Jayde, est-ce que tu as édité[37] la vidéo?

—Non! Il y a un autre problème ?

—Non. Il y a une solution ! »

Riley explique que beaucoup de personnes regardent les vidéos et écrivent des commentaires.

« Oh non! Des commentaires négatifs?

---

[36] ravi de te rencontrer : nice to meet you.
[37] tu as édité ? : did you edit?

—Non, des commentaires positifs! Les élèves pas gentils sont dans la vidéo et maintenant ils ont des problèmes à l'école. Ha, ha! »

Riley me montre son portable. Je regarde les commentaires positifs.

Sydney dit:

« Waow, Jayde! Est-ce que tu as fait ces vidéos ?

—Oui, c'est moi. Je m'excuse…

—Excuse ? Pas de problème. Tu as l'œil pour les vidéos. Et tu as beaucoup de talent.

—Jayde est fantastique avec les vidéos, dit Riley.

—Absolument, dit Sydney—. Je veux te payer pour faire des vidéos.

—Vous devez pas me payer. C'est amusant pour moi. »

Maintenant Sydney est très contente. Elle dit:

« J'ai une idée, Jayde. Est-ce que tu peux nous aider, Riley?

—Bien sûr. »

Pendant quelques heures, Riley et moi prenons beaucoup de vidéos. C'est amusant !

# Chapitre 9
## La confiance

Depuis quelques jours, Riley et moi travaillons sur beaucoup de vidéos. Je fais beaucoup de *posts* chaque jour sur TikTok.

Dans les vidéos, j'écris ces messages :

- Est-ce que vous voulez des vêtements originaux ?
- Est-ce que vous allez visiter Newport en juillet ?
- Venez nous voir au Festival Folk de Newport !

Folk Vintage va être au Festival Folk de Newport. Sydney, Marley, Riley et moi travaillons beaucoup. On prépare tout pour le festival.

Il reste juste une semaine d'école.

Mais aujourd'hui est une journée très spéciale.

J'entre dans la cuisine avant de partir pour l'école.

« Jayde, oh ! »

Je regarde ma grand-mère, mais je ne dis rien.

« Jayde, oh ! Waow !» dit encore ma grand-mère.

Je me dis : « *confiance* ». *J'ai confiance en moi. Je vais arriver à l'école en ayant*[38] *confiance en moi.*

« Jayde, tu es magnifique. La robe est élégante, merveilleuse et superbe. Et toi... tu es magnifique.

—Merci, ma grand-mère préférée. Je l'aime beaucoup. La robe est fabuleuse. Je me sens très bien dedans. J'aime beaucoup m'exprimer par mes vêtements.

—Maintenant, prends ton petit déjeuner avant l'école. »

Je suis à table et je mange. Je regarde les réseaux sociaux. Je vois beaucoup d'excellents commentaires sur mes vidéos :
- Ces vidéos sont fantastiques !

---

[38] ayant : having.

- J'aime beaucoup les vêtements rétro.

- Maintenant je vais acheter mes vêtements dans les magasins de vêtements rétro.

Et mon favori :

- La personne qui sert de modèle pour présenter les vêtements dans les vidéos est magnifique.

À ce moment-là, je reçois un message de Sydney :

**Jayde, est-ce que tu peux passer au magasin cet après-midi ? Un homme du magasin Megapaca veut te parler. Il aime tes vidéos.** 😨

Je réponds :

**C'est quoi, Megapaca ?**

Sydney écrit :

**Megapaca est une entreprise[39] internationale basée au Guatemala. C'est une grande entreprise de vêtements usagés.**

Je réponds :

😳 **Waow. Pourquoi est-ce qu'il veut me parler ?**

Sydney répond :

**L'homme dit qu'il aime tes vidéos.**

J'écris :

**Incroyable !**

Avec cette information, je marche avec confiance en direction de l'école. Et je porte une robe merveilleuse.

---

[39] enterprise : company.

# Chapitre 10
## La célébrité ?

C'est le week-end du Festival Folk de Newport.

C'est un festival de musique de trois jours au Parc de Fort Adams.

« Jayde, est-ce que tu peux mettre les chemises sur la table ?

—Bien sûr. Sydney, combien de personnes vont venir au festival ce week-end?

—Bonne question, Jayde. Je sais pas. »

Marley dit:

« Il y a un maximum de 10.000 personnes chaque jour.

—C'est génial ! On va avoir beaucoup de travail.

—Super !

—Jayde, il y a un artiste que tu veux voir ce week-end ?

—Oui ! Jon Batiste. Il joue demain après-midi. Je veux le voir si c'est possible.

—Est-ce que tu aimes sa musique ? »
demande Marley.

« Oui, mais j'aime beaucoup ses vêtements.
Ha, ha !

—Est-ce que tu connais la chanson " Be
Who You Are " ? » demande Sydney.

Je n'ai pas le temps de répondre. Il y a un
groupe d'ados qui court vers moi. Ils ont
beaucoup d'énergie.

« C'est iel !

—C'est la personne magnifique des
vêtements rétro !

—Je veux un *selfie* avec iel ! »

Je ne sais pas quoi faire. Qu'est-ce que je
fais?

Sydney et Marley me regardent avec de
grands sourires.

« Jayde, attention. Tu es déjà célèbre. Tes
supporters veulent te parler. »

Le groupe d'ados est très content. Le groupe pense que je suis une célébrité.

Je ne suis pas une célébrité.

Mais j'ai un style très personnel.

# GLOSSAIRE

Les traductions dans ce glossaire sont spécifiques au contexte dans lequel elles sont utilisées dans ce livre.[40]

## A

à - to, at
absolument - absolutely
académiques - academic
accepte - accepts
accepter - to accept
(d') accord: okay
acheter - to buy
achetez - buy
acheté - bought
ado(s) - teen(s)
adore - love/s
Aéropostale - USA based clothing retailer
affiche: poster
ai - have
aide - help/s
aident - help
aider - to help
aides - help
aime - like/s
aiment - like
aimes - like
aise - comfort
aller - to go
allez - go
allons - go
American Eagle - USA based clothing

retailer
ami(e) - friend
amusant - fun
animation - activity
années - years
anonyme - anonymous
ans - years
août - August
appeler - to call
appelle - call/s
appelée - called
application - application
après - after
après-midi - afternoon
argent - money
arrêter - to stop
arrière-boutique - back room of a store
arrive - arrive/s
arriver - to arrive
arrivé - arrived
artiste - artist
as - have
assez - enough
attendre - to wait
attention - attention
(qui) attire mon attention - that catches my eye

---

[40] The translations in this glossary are specific to the context in which they are used in this book.

**au(x)** - to/at the
**aucune** - none
**aujourd'hui** - today
**auras** - will have
**aussi** - also
**authentique** - authentic
**autonome** - autonomous
**autre(s)** - other
**avait** - had
**avant** - before
**avec** - with
**(à mon) avis** - in my opinion
**avoir** - to have
**ayant** - having

## B

**bandana** - bandana
**bas** - lower
**basée** - based
**beaucoup** - much, a lot
**bénévole** - volunteer
**(avoir) besoin** - need
**bien** - well
**bien sûr** - of course
**blanche** - white
**bleu(s)** - blue
**blonds** - blond
**bon/ne(s)** - good
**bonjour** - good
**bottes** - boots
**boucles (d'oreilles)** - earrings
**boutons** - buttons
**brillant** - bright
**bruns** - brown
**bureau** - office

## C

**c'/ça/ce** – this
**carton** - big box
**cadeau** - gift
**capable** - capable
**casquettes** - caps
**célèbre** - famous
**célébrité** - celebrity
**centre communautaire** - community center
**ces** - these
**cet/te** - this
**change** - change
**chanson** - song
**chapeau(x)** - hat(s)
**chaque** - each
**chaussures** - shoes
**chemise(s)** - shirt(s)
**cher(s)** - expensive
**cheveux** - hair
**chez** - at the + place
**chic** - chic
**chose(s)** - thing(s)
**chouette** - nice
**ciao** - ciao, 'bye
**circulation** - traffic
**cirque** - circus
**classe** - class
**clé** - key
**client** - client
**colère** - angry
**coloré(s)** - colored
**combien** - how many/much
**comme** - like, as
**commence** - begin/s
**commencent** - begin

commencer - to begin
comment - how
commentaires - comments
compte - account
confiance - confidence
confortable - comfortable
connais - know
connaît - knows
conseiller - counselor
content/e(s) - happy
cool - cool
couleur(s) - color(s)
couloir - corridor
courage - courage
court - runs
cuisine - kitchen

# D

d'/de/des - of, from
dans - in
(se) déchire - rips
dedans - inside
dehors - outside
déjà - already
déjeuner - lunch
demain - tomorrow
demande - ask/s
déprime - depresses
depuis - since
destination - destination
déterminer - to determine
deux - two
devant - in front
devez - must

Dick's Sporting Goods - USA based sporting goods retailer
difficile - difficult
différent/e(s) - different
dire - to say, tell
direction - direction
dis - say
distincts - distinct
dit - says
dois - must
doit - must
donne - give/s
donnés - given
dorées - golden
dramatiques - dramatic
du - of/from the

# E

eau - water
école - school
écoute - listen/s
écris - write
écrit - writes
écrivent - write
éditer - to edit
édité - edited
effets - effects
élégante(s) - elegant
élève(s) - student(s)
elle - she
elles - they (f.)
émotionnellement - emotionally
en - in
encore - again, even, still

**énergie -** energy
**entre -** between
**entrer -** to enter
**entrée -** entrance
**es -** are
**essaye -** try
**est -** is
**et -** and
**été -** summer
**êtes -** are
**être -** to be
**euh -** uh
**évident -** evident
**excellent/e(s) –**
    excellent
**(je m') excuse -** I'm
    sorry
**excusez -** excuse
**explique -** explain/s
**expliquer -** to explain
**exprimer -** to express

# F

**fabuleuse -** fabulous
**fabuleux -** fabulous
**faire -** to do, make
**fais -** do, make
**faisons -** do, make
**fait -** does, makes
**fantastique(s) -** fantastic
**faut -** must
**favorite -** favorite
**festival -** festival
**fin -** end
**finalement -** finally
**fleurs -** flowers
**fois -** time, instance

**font -** do, make
**force -** strength

# G

**génial -** awesome
**gens -** people
**gentils -** kind
**gilets -** vests
**goût -** taste
**grand/e(s) -** big
**grand-mère –**
    grandmother
**groupe -** group
**Guatemala -** country in
    Central America

# H

**habitude -** usual
**heure(s) -** hour(s)
**Hollister -** USA based
    clothing retailer
**homme -** man
**horrible(s) -** horrible
**hum -** hmm

# I

**ici -** here
**idée -** idea
**iel -** non-binary singular
    pronoun; "they"
    singular in English
**il -** he
**ils -** they
**image -** image
**important -** important
**impressionnent –**
    impress

**incident** - incident
**incroyable** - incredible
**information** -
    information
**inquiète** - worried
**internationale** -
    international
**interruption** -
    interruption
**intéressants** -
    interesting
**invisible** - invisible

## J
**j'/je** - I
**jaune(s)** - yellow
**jean** - jeans
**jeune(s)** - young
**joue** - play/s
**jour(s)** - day(s)
**journée** - day
**juillet** - July
**juin** - June
**jupes** - skirts
**jusqu'** - until
**juste** - fair

## L
**l'** - the
**la(s)** - the

**le(s)** - the
**lesquelles** - which
**leur** - their
**libre** - free
**(vente de) biens** - estate
    sale

**lis** - read
**loin** - far
**longs** - long
**longue** - long
**look** - look
**lui** - him

## M
**m'/me** - me
**ma** - my
**magasin(s)** - store(s)
**magnifique(s)** -
    magnificent
**mai** - May
**maintenant** - now
**mais** - but
**maison** - house
**mange** - eat/s
**mangeons** - eat
**manger** - to eat
**marche** - walk/s
**marchent** - walk
**marcher** - to walk
**marchons** - walk
**matin** - morning
**maximum** - maximum
**me** - me
**Megapaca** - Guatemalan
    based used clothing
    retailer
**merci** - thank you
**merveilleuse** -
    marvelous
**merveilleux** - marvelous
**mes** - my
**message(s)** - message(s)
**met** - put

mets - put
minute(s) - minute(s)
miroir - mirror
Mme - abbreviation for
    madame
moches - ugly
modèle - model
mode - fashion
moderne - modern
moi - me
moins - less
mois - month
moment(s) - moment(s)
mon - my
monde - world
montre - shows
musique - music

# N

n'/ne - not
nécessaire - necessary
négatif(s) - negative
nerveux - nervous
Newport - city in the
    state of Rhode Island
noir/e(s) - black
non - no
normalement - normally
notre - our
nous - we
nouveaux - new
nouvelle(s) - new
numéro - number

# O

officiel - official
on - we

ont - have
oreilles - ears
organise - organize/s
original/e - original
originaux - original
ou - or
où - where
oui - yes

# P

paix - peace
pantalon(s) - pants
pantalons des pattes
d'éléphant - bell-bottom
    pants
par - by
parc - park
parle - speak/s
parlent - speak
parler - to speak
parlera - will speak
pars - leave
part - leaves
particulier(s) -
    particular
parties - parts
partir - to leave
pas - not
passent - pass by
passer - to pass
paye - pay
payer - to pay
pendant - while
pense - think/s
(j'ai) pensé - I thought
personne(s) - person(s)
personnelle - personal

petit/e - small
peu - little
peut - can
peux - can
photos - photos
physiquement - physically
pied - foot
(à) pied - on foot
plaisir - pleasure
plaît - pleases
pleurer - to cry
plus - more
poche - pocket
portable - cell phone
porte - wear/s
porter - to wear
portes - wear
positifs - positive
possible - possible
post(s) - post(s)
pouah - ugh
pour - for
pourquoi - why
pouvez - can
près - near
première - first
premier - first
prend - takes
prendre - to take
prends - take
prenons - take
prête - ready
prix - price
problème - problem
pronom - pronoun
préférée(s) - favorite

prépare - prepare
présente - present
publie - publish
publiée - published
pull-over(s) - sweater(s)

## Q

qu' - that
quand - when
quartier - neighborhood
que - that
quel/le(s) - what
quelque(s) - some
question - question
qui - who
quinze - fifteen
quitte - leave/s
quoi - what

## R

raison(s) - reason(s)
ravi - delighted
ravissent - delight
ravit - delights
rayures - stripes
reçois - receive
regarde - watch/es
regardent - watch
(ravi de te) rencontrer - nice to meet you
répond - answers
répondre - to answer
réponds - answer
réponse(s) - answer
réseaux sociaux - social media
reste - remains

**(en) retard -** late
**rétro -** retro, vintage
**(au) revoir -** 'bye
**rien -** nothing
**robe(s) -** dress(es)
**rose(s) -** pink
**rue -** street

# S

**s'/se -** him/herself
**sa -** his, her
**sais -** know
**salut -** hi
**samedi -** Saturday
**savez -** know
**savoir -** to know
**secret -** secret
**seize -** sixteen
**selfie -** selfie
**semaine(s) -** week(s)
**(je me) sens -** I feel
**sentir -** to feel
**séparer -** to separate
**séparons -** separate
**septembre -** September
**sert (de) -** serves (as)
**ses -** his, her
**seulement -** only
**seules -** alone
**si -** if
**sinon -** if not, otherwise
**solution -** solution
**son -** his, her
**sont -** are
**sors -** hear
**sorte -** type
**sortons -** exit

**soudain -** suddenly
**sourire(s) -** smile(s)
**(chaussures du) sport -** sneakers, tennis shoes
**spéciale -** special
**style -** fashion, style
**suis -** am
**super -** super
**superbe -** superb
**supporters -** supporters
**sur -** on
**sweat-shirt -** sweat-shirt
**symbole -** symbol
**sympa -** nice
**système -** system

# T

**t'/te -** you
**ta -** your
**table -** table
**taille -** size
**talent -** talent
**tard -** later
**tatouage(s) -** tattoo(s)
**tee-shirt(s) -** T-shirt(s)
**téléphone -** telephone
**temps -** time
**tes -** your
**texto -** text
**tire -** pull
**toi -** you
**ton -** your
**touristique -** touristy
**tous -** all
**tout/e(s) -** all
**travail -** work, job

**travaille** - work/s
**travailler** - to work
**travaillons** - work
**très** - very
**treize** - thirteen
**trier** - to sort out
**triste** - sad
**trois** - three
**trop** - too
**tu** - you
**typiques** - typical

# U

**un/e** - a, an
**Under Armour** - USA based sporting goods retailer
**uniforme** - uniform
**unique** - unique
**usagés** - used
**utilise** - use/s
**utiliser** - to use

# V

**va** - goes
**vais** - go
**vas** - go
**venez** - come
**venir** - to come
**vente (de biens)** - estate sale
**vers** - towards
**veste(s)** - jacket(s)
**vêtements** - clothing
**veulent** - want
**veut** - wants
**veux** - want

**vibre** - vibrates
**vidéo(s)** - video(s)
**vieille** - old
**viennent** - come
**viens** - come
**vient** - come
**ville** - city
**vingt** - twenty
**visible** - visible
**visiter** - to visit
**voici** - here is
**voilà** - there is
**voir** - to see
**vois** - see
**voit** - sees
**vont** - go
**vos** - your
**votre** - your
**voudrais** - would like
**voulez** - want
**vous** - you
**vraiment** - true
**vu** - saw

# W

**waow** - wow
**week-end** - weekend

# Y

**y** - there
**yeux** - eyes

## ABOUT THE AUTHOR

Jennifer Degenhardt taught high school Spanish for over 20 years and now teaches at the college level. At the time she realized her own high school students, many of whom had learning challenges, acquired language best through stories, so she began to write ones that she thought would appeal to them. She has been writing ever since.

Other titles by Jen Degenhardt:

*La chica nueva* | *La Nouvelle Fille* | The New Girl | *Das Neue Mädchen* | *La nuova ragazza*
*La chica nueva* (the ancillary/workbook
*La invitación* | L'invitation | The Invitation
volume, Kindle book, audiobook)
*Salida 8* | *Sortie no. 8* | Exit 8
*Raíces*
*La invitación* | *L'invitation* | The Invitation
*Chuchotenango* | *La terre des chiens errants* | *La vita dei cani*
*Pesas* | *Poids et haltères* | Weights and Dumbbells | *Pesi*

78

*La lucha de la vida* / The Fight of His Life
*Secretos* / *Secrets (French)* / Secrets Undisclosed
(English)
*Como vuela la pelota*
*Cambios* / *Changements* / Changes
*De la oscuridad a la luz* / From Darkness into Light | *Dal buio alla luce* / *De la obscurité à la lumière* / *Aus der Dunkelheit ins Licht*
*El pueblo* | The Town | *Le village*

@JenniferDegenh1

@jendegenhardt9

@PuentesLanguage &
World LanguageTeaching Stories (group)

Visit www.puenteslanguage.com to sign up to receive information on new releases and other events.

Check out all titles as ebooks with audio on www.digilangua.co.

79

# ABOUT THE EDITORS

**Françoise "Swaz" Piron** was born and raised in Geneva, Switzerland, the daughter of a French mother and a Belgian father. She taught French (and German) at South Jefferson CSD for 35 years and retired in June 2021. She is a member of several world language teacher organizations, including ACTFL, NYSAFLT and AATF. She was a regular item writer and consultant at the NYS Education Department for the two French state exams for over 20 years. Swaz has presented numerous workshops at the local, state and national levels. She is the recipient of several NYSAFLT awards, was named "Chevalier dans L'Ordre des Palmes Académiques" by the French Ministry of Education and is the co-author of the book "*World Class, the Re-education of America*". When she is not proofreading or translating readers, she can be found doing outdoor activities, reading or working as a server in a local restaurant.

**Nicole Piron** is the co-editor's mother. She was born in Paris and spent her youth in the Bordeaux area. She has a degree in political science and English from la Sorbonne (Paris University) and was a translator for the United Nations in New York, where she worked for a few years. Nicole has always been active in her community, in local politics as a member of the "conseil communal" of the village of Coppet, Switzerland, as well as in the Catholic church of the town where she currently resides, Gland, Switzerland. When she is not helping her daughter proofread readers, she can be found reading, going to cultural events and visiting with her network of friends.

# ABOUT THE COVER & INTERIOR ARTIST

Denise Miranda is a 16-year-old student as of 2024 of Ichabod Crane District. Ever since she was born, she knew that she would pursue the arts. Her art mediums include pencil, watercolor, and mainly, her iPad Pro. Along with art, she also dabbles in some writing as her dream is to someday become a writer and illustrator for young adult and adult novels. The majority of her art contains people but has been recently practicing backgrounds and occasionally enjoys experimenting in fashion design. Pseudonym is Dens M. or Dens as a short version of her original name.

You can find more of her art on:

Twitter: @densm_art
Tumblr: @mydenstomyani
Insta: @denstomyani

www.ingramcontent.com/pod-product-compliance
Lightning Source LLC
Chambersburg PA
CBHW060344050426
42449CB00011B/2825